CATALOGUE

DES

ÉTOFFES ANCIENNES

PANNEAUX, COUVRE-LITS, JUPES, TAPIS, PIÈCES POUR SIÉGES, ETC.

EN VELOURS, SOIE, TAPISSERIE AU POINT, TAPISSERIE

FRANGES & GALONS

Composant la sixième vente BEURDELEY

ET DONT LA VENTE AURA LIEU

HOTEL DROUOT, SALLE Nº 7

Le Mardi 19 Avril 1898

A DEUX HEURES

COMMISSAIRE-PRISEUR
Mᶜ PAUL CHEVALLIER
10, rue de la Grange-Batelière, 10

EXPERTS
MM. MANNHEIM
7, rue Saint-Georges, 7

EXPOSITION PUBLIQUE

Le Lundi 18 Avril 1898, de une heure et demie à cinq heures et demie

CONDITIONS DE LA VENTE

Elle sera faite au comptant.

Les acquéreurs payeront *cinq pour cent* en sus des enchères.

L'exposition mettant le public à même de se rendre compte de l'état et de la nature des objets, aucune réclamation ne sera admise une fois l'adjudication prononcée.

Paris. — Imprimerie de l'Art, E. Moreau et Cie, 41, rue de la Victoire.

DÉSIGNATION DES OBJETS

ÉTOFFES

1 — Panneau formé de deux bandeaux en moire jaune brodée de soies de couleurs, à dessin de grosses fleurs et de feuilles. Époque Louis XIV.

Long., 2 m. 90 cent.; larg., 1 m. 60 cent.

2 — Deux grands panneaux de tenture, formés de lés de lampas bleu pâle, à dessin de fleurs, xviiie siècle.

Longueur de chacun : 3 m. 60 cent.; larg., 3 m. 40 cent.

3 — Panneau formé de lés de soie moirée et brochée, à dessin de fleurs, sur fond chaudron. Époque Régence.

Long., 3 m. 65 cent.; larg., 1 mètre.

4 — Chape en brocart, à fond jaune et dessin de fleurs et édicule à coupole. Bordure de franges.

5 — Jupe formée de lés en dauphine saumon brochée, à bouquets de fleurs, feuillages et petits quadrillés. Époque Louis XV.

6 — Lot de panneaux et fragments de tenture en damas bleu pâle, à dessin de vases de fleurs accostés de figurines allégoriques, pièces d'eau, dais et rinceaux. Époque Louis XVI.

7 — Trois pièces : Deux bandeaux et un carré de soie rouge, avec

applications de broderies de soie et parties peintes : rinceaux, fleurs, animaux et mascarons. Italie, XVIᵉ siècle.

8 — PANNEAU formé de lés de soie bleue brochée, à bouquets de fleurs. Époque Louis XV.

Long., 3 m. 25 cent.; larg., 1 m. 5 cent.

9 — FOND DE LIT en soie verte brodée, à dessin de pièces d'eau, animaux, fleurs et rinceaux. XVIIᵉ siècle.

10 — DEVANT D'AUTEL formé de lés en brocatelle, à ramages rouges et blancs, sur fond jaune. Italie, XVIᵉ siècle.

11 — TAPIS EN DAMAS rouge, à grands ramages, avec applications sur la bordure de velours et soie. XVIIᵉ siècle.

12 — LOT de morceaux pour sièges, de soie bouton d'or brochée, à fleurs, sur fond armuré. Époque Louis XV.

13 — DEUX DEVANTS D'AUTEL en satin blanc brodé en soies de couleurs, argent doré, paillettes et verroteries, à riche dessin de fleurs, fruits, cœurs, etc. Époque Louis XIII.

Haut., 72 cent. et 80 cent.; larg., 1 m. 35 cent. et 2 m. 55 cent.

14 — PORTIÈRE en damas de soie rouge, à fleurs, avec franges. XVIIᵉ siècle.

Haut., 2 m. 80 cent.; larg., 2 m. 12 cent.

15 — DEUX JUPES formées de lés en damas de soie bouton d'or brodée en soies de couleurs au passé, à dessin de fleurs et quadrillés. Époque Louis XV.

16 — LOT de panneaux pour tenture en satin blanc broché, à fleurs, feuilles et rubans. Époque Louis XVI.

17 — GILET en pièces en soie bouton d'or piquée et brodée, à fleurs au point de chaînette. Époque Louis XVI.

18 — Lot de morceaux pour robes en dauphine noire brochée, à fleurs. XVIIIe siècle.

19 — Lot de morceaux pour robe en dauphine verte rayée et brochée, à fleurs. XVIIIe siècle.

20 — Panneau formé de lés en satin broché et tissé d'argent, à grands rinceaux fleuris, sur fond de bandes de feuillages enroulés. XVIIIe siècle.

Haut., 2 mètres ; larg., 1 m. 60 cent.

21 — Bande formée de morceaux de satin blanc brodé, à fleurs, feuillages et rubans. Époque Louis XVI.

Long., 3 m. 50 cent.

22 — Jupe en soie blanche brodée, à fleurs et quadrillés en soies de couleurs et argent doré. Époque Louis XV.

23 — Trois morceaux pour ornements d'église en velours, à feuillages et losanges verts et jaunes, sur fond rose. Italie, XVIe siècle.

24 — Dessus de lit en soie brochée, à fleurs, sur fond bleu pâle. Époque Louis XV.

25 — Panneau de lampas, à dessin blanc de groupes allégoriques, animaux, feuillages, sur fond bleu. Époque Louis XVI.

Haut., 2 m. 60 cent.; larg., 2 m. 20 cent.

26 — Lot de morceaux pour jupe en soie bleu clair brochée, à fleurs. Époque Louis XV.

27 — Dessus de tabouret en soie crème brodée au point de chaînette et au passé, à dessin d'animaux dans un paysage, et couronne de fleurs. Époque Louis XVI.

28 — Environ vingt et un mètres vingt centimètres de bandes de soie
brochée, à dessin de fleurs et rinceaux, sur fond de satin gris
perle. Époque Louis XVI.

29 — Couvre-lit en soie brochée, à fleurs, sur fond blanc. Époque
Louis XV.

30 — Quatre pièces : deux carrés et deux petites bandes en velours
rouge, avec applications de satin, à dessin de médaillons brodés,
à sujets saints et de rinceaux. Italie, xvie siècle.

31 — Devant de jupe en soie bleu pâle brodée, à dessins de grosses
fleurs en soies de couleurs et argent doré. Époque Louis XV.

32 — Couvre-lit en toile de coton brodée, à dessins de rosaces, rinceaux et fleurons. Italie, xvie siècle.

33 — Carré de soie blanche, avec application de gros rinceaux fleuris
Louis XV, brodés en argent doré.

34 — Deux bandes de soie brochée, à fleurs, sur fond crème. Époque
Louis XVI.

Longueur totale : 4 m. 25 cent.

35 — Trois bandes de satin rouge brodé et soutaché, à grands ramages.
Italie, xviie siècle.

36 — Quatre morceaux de velours vert frappé, à petits bouquets de
fleurs, xviiie siècle.

37 — Étendard en soie avec parties peintes, présentant un écusson
armorié, xviiie siècle.

38 — Couvre-lit en damas bleu, avec application de velours et soie, à
dessin de palmettes et rosaces, xviie siècle.

39 — Carré formé de morceaux de satin rouge, avec application de
satin vieil or et de broderies au point de Hongrie, rinceaux et
fleurs. xviiᵉ siècle.

40 — Deux morceaux composés de fragments de satin rouge broché :
kiosques, bateaux et fleurs. Époque Louis XV.

41 — Deux bandes de velours rouge, avec application de soie : dau-
phins et feuillages. xviᵉ siècle.

42 — Environ cinquante mètres de bordure en satin bleu broché, à
fleurs. Commencement du xixᵉ siècle.

43 — Coupon de soie blanche rayée et brochée, à fleurs. Époque
Louis XVI.

44 — Couvre-lit en soie crème brodé, à fleurs en soie bleue. xviiᵉ
siècle.

45 — Sac en ancien velours rouge, avec glands.

46 — Couvre-lit en satin blanc brodé, à rosaces, fleurs et oiseaux.
Travail des colonies portugaises. xviiᵉ siècle.

47 — Tapis de brocatelle rouge, à grands ramages jaunes ; bordures
de franges. xviiᵉ siècle.

48 — Petit panneau de lampas, à dessin blanc, sur fond bleu ; médaillons allégoriques à l'amour, rinceaux et fleurs. Époque Louis XVI.

49 — Environ vingt mètres de lampas, à dessin blanc et jaune, sur
fond bleu : vases de fleurs, draperies, lyres, oiseaux, etc. Fin du
xviiiᵉ siècle.

50 — Morceau composé de fragments de lampas, à dessin blanc, sur
fond bleu : draperies, pièces d'eau, cornes d'abondance, etc.
Époque Louis XVI.

51 — PANNEAU de soie brochée, à fleurs, sur fond blanc. xviiie siècle.

52 — PANNEAU composé de morceaux de soie brochée, à fleurs, sur fond bleu. xviiie siècle.

53 — BANDEAU formé de quatre morceaux de satin jaune, avec application de velours et de satin : vases de fleurs. xviie siècle.

54 — TAPIS de soie, à dessin blanc, de fleurs, sur fond jaune armuré; bordure de galons. Époque Louis XVI.

55 — PANNEAU de velours rouge, avec bordure de galon d'argent doré. xviie siècle.

56 — COUVRE-LIT en satin jaune broché, à fleurs, glands et rubans en bleu et blanc. Époque Louis XVI. Bordure de franges.

57 — DEUX PETITS PANNEAUX de satin crème brodé; vases de fleurs en soie et argent. Époque Louis XVI.

58 — PANNEAU de satin vert broché, à fleurs. xviiie siècle.

59 — DEUX BANDES de satin blanc, avec application de fleurs brodées. xviie siècle.

60 — ENVIRON cinq mètres soixante centimètres de bandes de satin rayé jaune, blanc et rouge et broché à fleurs. Époque Louis XVI.

61 — ENVIRON cinq mètres de bande de satin bleu broché : fleurs de lys en rose et jaune. Louis XVI.

62 — COUPON de satin jaune broché, à fleurs. xviiie siècle.

63 — LOT DE MORCEAUX pour tenture en damas vert. xviie siècle.

64 — DEUX COUPONS de lampas, à dessin blanc sur fond bleu : pièces d'eau, lyres, papillons et oiseaux. Fin du XVIIIᵉ siècle.

65 — ENVIRON SEIZE MÈTRES de brocatelle, à grands ramages, sur fond vieil or. XVIIᵉ siècle.

66 — TAPIS en satin blanc brodé en chenille : branches fleuries et entrelacs. Époque Louis XVI.

67 — DOSSIER en velours rouge brodé, à fleurs, rinceaux et palmettes. XVIIᵉ siècle.

68 — MONTANT DE SOIE blanche brodée au point de chainette : branches fleuries et rubans. Époque Louis XVI.

69 — LOT DE LÉS de brocatelle Louis XIV, à grands ramages sur fond blanc et marron.

70 — CHASUBLE en velours ciselé, à ramages vert et violet sur fond blanc lamé d'argent. XVIᵉ siècle.

71 — DEUX PANNEAUX de dauphine verte brochée, à fleurs, en soie rose et rouge. XVIIIᵉ siècle.

72 — PANNEAU de damas rouge rayé jaune. XVIIIᵉ siècle.

73 — DEUX RIDEAUX de satin bouton d'or, à bordure brochée blanc. Époque Louis XVI.

74 — TAPIS formé de morceaux de velours rouge ciselé, à grands ramages. XVIIᵉ siècle.

75 — COUPON, formé de morceaux de brocatelle rouge à rosaces. XVIIᵉ siècle.

76 — PANNEAU en damas rouge, à grands ramages. XVIIᵉ siècle.

77 — Environ deux mètres quatre-vingt dix de velours rouge, à grands ramages. xviiᵉ siècle.

78 — Panneau de damas rouge, à grosses fleurs. xviiᵉ siècle.

79 — Environ douze mètres dix de soie brochée, à fleurs sur fond violet changeant. xviiiᵉ siècle.

80 — Sept pièces pour sièges en application de velours sur fond de satin blanc et de satin broché lamé d'argent. xviiᵉ siècle.

81 — Lot d'encadrements Louis XVI en satin blanc avec application de satin de couleurs : grands rinceaux.

82 — Deux bandes de satin vert brodé en soies de couleurs et argent, et à dessin de rinceaux fleuris. xviiᵉ siècle.

83 — Lot de morceaux pour sièges en soie brochée, à gros bouquets de fleurs sur fond jaune armuré. Époque Louis XVI.

84 — Lot de morceaux de satin blanc brodé en chenille, à dessin de grosses fleurs, kiosques et pièces d'eau. Époque Louis XVI.

85 — Jupe de soie bleue rayée et brochée à fleurs. Époque Louis XVI.

86 — Coupon de satin broché, à paniers de fleurs, feuillages et entrelacs sur fond bleu uni et armuré. Fin du xviiiᵉ siècle.

Longueur environ, 2 m. 70 cent.

87 — Panneau de satin saumon broché, à fleurs. xviiiᵉ siècle.

88 — Environ neuf mètres de velours ciselé, à fond de satin rayé vert et blanc et dessin d'armoiries ducales. Fin du xviiiᵉ siècle.

89 — Lot de morceaux de satin jaune et blanc broché, à fleurs. xviiiᵉ siècle.

90 — Dessus de tabouret en soie blanche brodée au point de chainette et en chenille, à fleurs. Époque Louis XVI.

91 — Dessus de tabouret en satin jaune broché, à dessin de rosaces blanches. Époque Empire.

92 — Petit panneau de soie bleue brochée, à fleurs. xviiie siècle.

93 — Deux fragments de soie crème brochée, à fleurs et épis de blé. Époque Louis XVI.

94 — Deux lés de lampas, à dessin blanc et bleu sur fond jaune : vase, draperies, fleurs, amours. Époque Louis XVI.

Longueur environ, 3 m. 85 cent.

95 — Feuille d'écran en satin crème brodé argent avec paillettes, quadrillés et feuillages. xviiie siècle.

96 — Feuille d'écran en satin crème brodé au point de chainette : nature morte. Époque Louis XVI.

97 — Bande de soie brochée, à fleurs sur fond crème. Époque Louis XVI.

98 — Lot de morceaux de lampas, à dessin blanc de fleurs sur fond vert. xviiie siècle.

99 — Six pièces pour sièges en damas jaune avec application de velours rouge soutaché, à palmettes et feuillages. Époque Louis XIV.

100 — Dessus de tabouret en satin blanc broché et chenillé, à grosses fleurs entourées de feuillages. Époque Louis XVI.

101 — Deux pièces pour sièges en satin blanc, avec application de soie peinte; fleurs et encadrements. xviiie siècle.

102 — Lot de bandes de satin vert broché, à fleurs jaunes. Fin du xviiie siècle.

103 — Lot de bandes de satin blanc broché à fleurs en deux dessins. Fin du xviiie siècle.

104 — Panneau composé de morceaux de brocart, à grands ramages sur fond rouge. xviie siècle.

105 — Petit tapis en velours rouge ciselé à fond jaune : rosace, encadrement à motifs rocailles. xviiie siècle.

106 — Petit tapis en velours rouge ciselé, à fond crème; grands ramages Louis XIV.

107 — Deux pièces pour sièges, velours rouge, avec encadrement de gros galon d'argent doré du xviie siècle.

108 — Selle composée de trois morceaux de velours rouge brodé d'argent doré à fleurs. xviie siècle.

109 — Trois morceaux de satin rouge avec application : rinceaux. xvie siècle.

110 — Cinq pièces pour sièges en velours gris avec application de velours et de satin : palmettes et encadrements.

111 — Trois lambrequins, peluche verte, avec application.

112 — Panneau de velours rouge ciselé sur fond jaune : grands ramages.

113 — Coupon de velours vert ciselé, à grands ramages.

114 — Coupon de velours ciselé, à ramages rouges sur fond de satin blanc.

115 — Vingt-sept mètres soixante environ de velours ciselé, à fleurs et grands ramages sur fond de satin blanc.

116 — Panneau et deux carrés de velours ciselé, à grosses fleurs, variés de dessin.

117 — Environ dix-sept mètres de velours ciselé, à rayures et fleurettes.

118 — Fort lot de velours rouge ciselé, à dessins variés.

119 — Fort lot de soie blanche imprimée.

120 — Coupon de soie, à ramages blancs et rayures bleues.

121 — Environ cinq mètres de satin blanc, à ramages rouges.

122 — Coupon de satin blanc broché, à ramages verts.

123 — Deux pièces : siège et dossier de velours rouge, avec application de satin et de soie brochée ; fleurs et rinceaux.

124 — Jupe de satin vieil or broché, à fleurs. Environ sept mètres soixante-dix.

125 — Coupon de lampas, à fleurs roses et blanches sur fond vert. Environ deux mètres trente-huit.

126 — Environ six mètres de brocart gris-perle, à fleurettes.

127 — Environ dix-huit mètres de lampas, à fleurs en blanc sur fond bleu.

128 — Rideau et panneau de satin rose rayé et broché, à fleurs.

129 — Dix morceaux pour sièges : ancienne broderie chenillée à fleurs, appliquée sur étoffe bleue.

130 — DEUX PIÈCES pour sièges : tapisserie au point : arbustes, animaux et fleurs. Fond noir.

131 — LOT de pièces pour sièges en tapisserie au point, à ramages bleus, sur fond jaune.

132 — SIX PIÈCES pour sièges en tapisserie au point : fleurs et quadrillés.

133 — LOT de pièces pour sièges en peau jaune brodée, à fleurs.

134 — LOT de pièces pour sièges en tapisserie au point, à fleurs, sur fond blanc.

135 — FORT LOT de tapisserie au point, à ramages bleus, sur fond jaune.

136 — LOT de pièces pour sièges en tapisserie au point : fleurs, sur fond blanc.

137 — QUATRE PIÈCES pour sièges en tapisserie au point, à fleurs, sur fond blanc. Époque Louis XVI.

138 — PANNEAU de tapisserie au point, grand vase de fleurs et rinceaux. XVIIᵉ siècle.

139 — QUATRE FEUILLES pour paravent en tapisserie au point, à ramages rouges, sur fond blanc. XVIIᵉ siècle.

140 — CINQ BANDES de tapisserie au point, simulant des vases de porcelaine de Chine en bleu, sur fond jaune. XVIIIᵉ siècle.

141 — DEUX FEUILLES d'écran en tapisserie au point : vase de fleurs, sur fond noir. XVIIᵉ siècle.

142 — CINQ PIÈCES pour sièges en tapisserie d'Aubusson, du temps de Louis XVI : Orientaux, sur fond rouge.

143 — PANNEAU de tapisserie, décor de rinceaux, sur fond blanc. Commencement du XIXe siècle.

144 — QUATRE BANDES de tapisserie, décor de rosaces et couronnes de fleurs, sur fond bleu. Commencement du XIXe siècle.

145 — Fort lot de pièces pour sièges en tapisserie, à fleurs, sur fond blanc et encadrement rouge. *Maison Braquenié.*

146 — MITRE en velours rouge, brodée en soie et argent : emblèmes de sainte Barbe.

147 — PANNEAU de drap bleu brodé, à personnages et fleurs. Travail chinois.

148 — PANNEAU en satin bleu, brodé en soie blanche, à dessin de fins rinceaux fleuris. Bordures de frange. Chine.

149 — Fort lot de franges à grille et autres, galons de velours, d'argent, dentelle métallique, etc. (Sera divisé.)

150 — Sous ce numéro, lot d'étoffes variées non cataloguées. Sera divisé.)

www.ingramcontent.com/pod-product-compliance
Lightning Source LLC
LaVergne TN
LVHW020859200726
843508LV00003B/1242